MADAGASCAR

CONFÉRENCE DE GARNISON

Faite à La Fère, le 24 Janvier 1895

Par le Capitaine **LEBUY**

DU 17e RÉGIMENT D'ARTILLERIE

LA FÈRE
IMPRIMERIE-LIBRAIRIE P. LEQUEUX
PLACE DES MARCHÉS.

1895

MADAGASCAR

CONFÉRENCE DE GARNISON

Faite à La Fère, le 24 Janvier 1895

Par le Capitaine **LEBUY**

DU 17e RÉGIMENT D'ARTILLERIE

SOMMAIRE

I.

L'**île de Madagascar** est située dans l'hémisphère Sud, entre 12 degrès et 25 degrès 35 minutes de latitude, entre 41 et 49 degrés de longitude Est du méridien de Paris.

Il en résulte qu'une petite portion de sa surface est dans la zone tempérée australe et la plus grande partie dans la zone équatoriale. Cependant, en raison de son altitude moyenne, le plateau central jouit d'un climat tempéré.

Comme la plupart des îles de l'Océan Indien, elle est entourée d'une ceinture de récifs qui en rendent l'approche dangereuse pour les navires. On trouve généralement, entre ces récifs de corail et la terre ferme, des lagunes navigables pour les pirogues, par exemple entre Tamatave et Andevorante. Quelquefois, c'est un chenal plus profond, praticable aux gros bateaux de commerce, comme entre la baie de Ranobe et celle de St-Augustin. Ces eaux basses sont la cause des fièvres endémiques qui rendent si insalubre la zone du littoral et auxquelles les naturels n'échappent pas complètement. Les récifs sont interrompus, principalement dans le Nord de l'île, par des baies qui offrent des ports plus ou moins sûrs, quelques-uns sont très bons.

Le relief de l'île ne dépasse guère 2.000 mètres, sauf quelques points qui atteignent 2.500. Le massif le plus élevé est la **montagne d'Aukaratra**, au Sud de l'Imérina. **TANANARIVE**, la capitale de cette province, est à 1.500 mètres d'altitude.

L'île est accidentée. On trouve cinq chaînes de montagnes assez régulièrement parallèles au grand axe et formant deux versants de superficies inégales ; le versant oriental est à peu près la moitié de celui de l'Ouest. Aussi les cours d'eau de quelque importance se trouvent tous sur le versant occidental.

La principale ligne d'eau paraît être celle qui aboutit à la **baie de Bombetok** et qui est formée par la réunion de deux rivières, la **Betsiboka** et l'**Ikopa**, descendant toutes les deux du plateau d'Imérina.

Cette voie est la plus commode pour pénétrer jusqu'à ce plateau, et les Hovas ont toujours pris grand soin d'en éloigner les étrangers, par la même politique qui leur a fait interdire la construction de routes et de ponts. On dit, en particulier, que c'est par cette vallée qu'ont été amenés à Tananarive les canons qui se voient d'un côté de la ville sans grande utilité pour sa défense, car ils sont posés sur le sol, sans affûts.

Les côtes sont naturellement la partie la mieux connue de Madagascar. Nous en signalerons les principaux accès. La côte N.-O. du cap d'Ambre au cap St-André est très découpée. Ce pays se nomme le **Boueni**, il est habité par les **Sakalaves du Nord**.

En partant du cap d'Ambre, on trouve successivement la **baie d'Amponkarana**, présentant une bonne rade en face de celle de Diego-Suarez, dont elle n'est séparée que par un isthme de 8 kilomètres.

La **baie de Passandava** au Sud de Nossi-bé et dont l'entrée est commandée par cette île ; puis, la **baie d'Ambavatobe** dont la position rappelle Cherbourg, mais beaucoup plus spacieuse. Outre la sécurité de leur mouillage, ces deux baies tirent une grande importance du voisinage de mines de houille. On aurait relevé à Madagascar, dans cette région, un Bassin houiller plus considérable que celui de la France.

La **baie de Mazamba** reçoit un cours d'eau qui descend comme l'Ikopa du plateau d'Imérina et dont la vallée pourrait, par conséquent, fournir une voie d'accès vers ce pays.

La **baie de Bombetok** dans laquelle se rendent les eaux de l'Ikopa et de la Betsiboka, est indiquée comme devant servir de base aux opérations projetées, sans qu'on puisse bien comprendre la raison de la publicité donnée à ce choix.

La **baie de Baly** est la dernière de ce magnifique ensemble de grandes rades qui promettent, à cette région, un bel avenir commercial.

A partir du cap St-André l'aspect de la côte change complètement. Elle devient régulière ; mais à défaut de ports véritables pouvant offrir, en tout temps, un abri aux gros bâtiments, on trouve un grand nombre d'estuaires suffisants pour recevoir les bateaux de commerce, lorsque ne souffle pas le vent d'Ouest ou de Nord-Ouest.

De Baly, qui est par 16° de latitude, il faut faire 50 lieues vers le Sud pour trouver l'embouchure de la rivière Mahetirana (18°). C'est le pays d'Ambougo.

La rivière Manambolo n'est accessible qu'au bateau de très faible tonnage. C'est la limite du territoire du roi de Mahetirana. Nous sommes dans l'état Sakalave du Sud.

Les côtes du Menabe, au Sud de l'Ambango, sont très peu accessibles.

Sur les côtes de Feheregne, on trouve la **rivière St-Vincent**, la **baie de Ranobe**, la **baie de Tulear**, celle **de St-Augustin**, toutes ces eaux ne sont pas sûres par le vent d'Ouest.

Cependant, la baie de St-Augustin a l'avantage de posséder une petite île Nossi-Ve qui la garantit. C'est sur la côte Est de cette île que se trouve un port de commerce assez fréquenté ; mais les communications avec la grande Terre sont incommodes à cause des récifs.

Depuis la baie de St-Augustin jusqu'à la pointe Barow on ne trouve que les **petites baies de Tampolo, des Machicores** et **d'Ampalazy**.

A partir de la baie des Machicores la côte change entièrement d'aspect. On ne trouve plus de récifs, mais des dunes de sable jusqu'au cap Ste-Marie, et sur la côte orientale, depuis ce cap jusqu'à Fort-Dauphin. Elle ne présente d'autre relâche que l'anse des Caremboules, et les baies d'Andrahombe et Ranofotzy. A Fort-Dauphin, on retrouve la ceinture de rochers, mais ils sont moins abondants que dans l'Ouest. La côte est d'une grande régularité : depuis Fort-Dauphin et la baie de Ste-Luce, siège des premiers établissements français au XVIIme siècle, jusqu'à Tamatave, c'est-à-dire sur une étendue de 200 lieues on ne trouve que des havres sans importance. Je citerai seulement Andevorante qui est le point de la côte le plus rapproché de Tananarive. La route habituellement suivie pour aller de Tamatave dans la capitale d'Emyrne passe par Anderante. Une partie du chemin de Tamatave jusqu'à Andevorante, ainsi que je l'ai dit, se fait en pirogue sur les lagunes.

Tamatave possède une belle rade bien sûre et un port militaire. C'est actuellement le principal centre commercial de la côte orientale et même de l'île entière, bien que les positions de Majunga et de Passandava soient peut-être appelées à un plus grand avenir. Elle compte environ 12.000 habitants ; on y trouve des hôtels et en quantité des porteurs pour les marchandises. La ville malgache est dominée par un fort pouvant contenir une garnison de 2 à 3.000 hommes. Elle est en ce moment occupée par nos troupes. Un peu au Nord on trouve les gros villages de **Foulpointe**, de **Fenerive**. A 25 lieues de Tamatave se trouve l'île de **Ste-Marie** qui appartient à la France depuis longtemps et qui nous a servi de réduit. Elle possède une belle rade, Port Ste-Marie, sur sa côte occidentale en face de la Pointe à Larrée sur la grande terre. A 25 lieues encore de Ste-Marie commence la grande **baie d'Autongil**, qui fut un instant, sous Louis XV, le centre de nos établissements dans l'île.

Plus au Nord et à peu près à la latitude de Nossi-bé se trouve **Vohemar**, beau port, dans une région que l'on a comparée à notre Normandie pour sa fertilité et la nature de ses productions, Au Nord de Vohemar on trouve encore **Port-Leven**, puis **Port-Louquez** qui fut le siège des établissements anglais pendant la période de 1811 à 1814.

Enfin, la **rade de Diego-Suarez** à la pointe Nord de Madagascar. C'est une des plus belles du monde entier. On y pénètre par une entrée de deux kilomètres de large que divise encore l'île de Nossi-Volane, de sorte qu'elle est facile à défendre. Après avoir franchi ce seuil, on se trouve dans une rade de 16 kilomètres de large du Nord au Sud, et de 20 kilomètres de longueur. Elle se subdivise en plusieurs baies : au Nord, la **baie du Tonnerre** et la **baie des Cailloux blancs**. Au Sud, la **baie des Français**, le **Port de la Nièvre** que termine le **cul-de-sac Gallois**. La profondeur du bassin varie de 25 à 50 mètres, sauf dans le cul-de-sac Gallois. Dans la presqu'île de Diego se trouve actuellement le Camp des Tirailleurs Sakalaves.

Une grande quantité de ruisseaux, aboutissant à la rade, fournissent l'eau douce, et elle est entourée d'une ceinture de forêts qui lui donnent de la salubrité.

La ville **d'Antsirane**, à la pointe de la presqu'île du même nom et à l'entrée du port de la Nièvre, est peuplée de 5 à 6.000 âmes et prend une extension rapide depuis que nous occupons ce point. Outre les gens attirés par le commerce, elle est devenue le refuge de captifs **Antakares** échappés à l'esclavage Hova. Du côté de la terre elle est dominée par une série de hauteurs, et pour que sa sécurité soit complète, il est nécessaire d'occuper Ambohimarina.

Tels sont les points principaux de la côte.

L'île est peu peuplée. Les estimations varient de 3 à 6 millions d'habitants, mais ne reposent sur aucun élément bien sérieux. Ces populations appartiennent, comme nous allons voir, à des races diverses, et ne sont presque nulle part agglomérées en villes ou en villages importants. Je n'ai que quelques noms à citer.

C'est d'abord Tananarive, capitale des Hovas, centre du plateau d'Imérina, à l'altitude de 1.500 mètres. Cette ville est peuplée de 100.000 habitants à en juger par le nombre des maisons. Elle comprend quelques édifices qui sont les demeures des grands personnages, une rue principale dirigée du Nord au Sud, et un dédale de ruelles et de sentiers, mais tout cela est dans un site magnifique. A 10 kilomètres de Tananarive, au Nord, se trouve **Ambohimanga**, la ville sainte où sont les tombeaux des rois Hovas. L'entrée en est interdite aux étrangers, et aucun Européen, parait-il, n'y a pénétré jusqu'ici.

Fianarantsoa, capitale des Betsileos, serait une ville de 10.000 habitants, elle est située au Sud-Ouest de Tananarive, à une distance de 80 lieues environ.

II.

Les habitants de Madagascar appartiennent à des races distinctes au moins par l'origine, et qui ont conservé assez de traits particuliers pour qu'on puisse les différencier encore aujourd'hui. Il est propable qu'aucune n'est autochtone, et qu'elles proviennent d'immigrations successives.

Chez les Sakalaves, qui occupent les territoires du Boueni, de l'Ambongo et du Ménabe, c'est-à-dire une grande partie de la superficie de l'île, ainsi que chez les Antakares qui habitent le Nord, on trouve le teint noir, les cheveux crépus, le nez écrasé des nègres du Mozambique.

Les Malgaches de la côte orientale, Betsimisaraka, Betanimena, Antaimoros, sont d'une couleur moins foncée. Dans l'intérieur, les Betsileos, les Bares, se distinguent des précédents par une stature plus élevée. Les Hovas paraissent être un peuple d'immigration plus récente, qui aurait débarqué sur la côte Ouest, aurait été retoulé dans l'intérieur par les premiers occupants, et là, aurait à son tour vaincu et soumis les tribus environnantes.

Ces Hovas seraient d'origine Malaise. Ils ont le teint cuivré, souvent très peu foncé, les cheveux lisses et les yeux bridés. Ils se sont fondus avec les Malgaches ; on donne aujourd'hui le nom d'Hova à tous les hommes libres des tribus qui reconnaissent la suprématie de l'Imérina.

Les Arabes, qu'on trouve un peu partout en Afrique et jusque sur le haut Congo, n'ont pas manqué de visiter Madagascar. Ils ont laissé des traces assez profondes de leur passage. Leur religion est aujourd'hui inconnue à Madagascar, mais on a trouvé des manuscrits arabes dont quelques-uns ont été rapportés en France. C'est d'eux propablement que vient la pratique de la circoncision assez générale dans l'île.

Les peuples du Sud semblent distincts des Sakalaves et des Hovas, dont ils sont indépendants de fait. Ce sont les Fierenana, les Mahafotsy, les Machicores, les Antanossys, les Antaisakas. Les Bares, qui habitent au Sud des Betsileo, sont généralement en guerre avec tous leurs voisins.

Un fait assez difficile à expliquer est que tous ces peuples parlent un même idiome qui semble d'origine orientale.

Cette langue est harmonieuse et imagée ; les naturels la parlent avec facilité, même avec éloquence. Ils sont sensibles à la poésie, à la musique.

III.

Je ne m'étendrai pas sur les mœurs des habitants de Madagascar ; les relations que nous en avons sont de valeur très inégale, assez souvent contradictoires, et je craindrais de vous donner des renseignements peu exacts.

La polygamie est en usage parmi tous les peuples de l'île, excepté chez les Hovas où les missionnaires protestants et catholiques l'ont fait abolir au nom de la religion chrétienne.

Suivant certains narrateurs, le lien du mariage serait faiblement respecté et la coutume permettrait qu'un mari qui s'absente pour un long voyage remette sa femme à un de ses bons amis pour la conserver jusqu'à son retour. Il semble établi qu'avant le mariage les jeunes gens des deux sexes ne sont pas retenus par leurs parents, et contractent des liaisons passagères. Les femmes se montrent, parait-il, très empressées auprès des blancs ; on a vu même, suivant le récit d'un marin, des princesses royales se porter au-devant d'eux à l'arrivée de leurs navires dans les ports. Mais je suppose que le jeune officier de marine qui nous fait cette confidence a pu quelque peu se méprendre sur le rang des princesses qui sont allées le visiter à son bord.

Le culte des morts est très en honneur. On pourrait voir là un vestige de plus d'une origine orientale. Le malgache suppose que ses ancêtres interviennent dans sa propre destinée, il leur adresse des prières et leur fait des sacrifices. Dans plusieurs parties de l'île, les morts ne sont pas enterrés, mais déposés dans des cercueils sur le sol naturel. Ces cercueils sont faits souvent d'un ou deux troncs d'arbres évidés. Lorsqu'ils viennent à être pourris par les alternatives de pluie et de soleil, on les remplace par d'autres, et à cette occasion on répète les cérémonies des obsèques.

On signale une particularité des funérailles malgaches, assez intéressante : c'est la coutume d'orner les cercueils et les tombeaux de tout ce que l'on a de plus riche. Une femme, par exemple, sera mise dans le cercueil avec plusieurs costumes et tous ses bijoux. Dans le tombeau d'une reine on mettra une centaine de robes de soie. Dans le tombeau d'un roi on déposera des meubles précieux et aussi de l'or monnayé (1). Les sépultures royales sont à Ambohimanga, la ville sainte dans laquelle paraît-il, aucun Européen n'a pénétré, bien qu'elle compte 10.000 habitants. Cette ville, à 12 kilomètres de Tananarive, est en même temps le lieu de villégiature de la Cour. Je suppose que la présence de ces trésors enfermés dans les tombeaux est pour quelque chose dans le soin jaloux avec lequel on en écarte les étrangers.

Malgré la duplicité qu'on attribue avec raison à leurs diplomates, les Malgaches, suivant les récits de certains voyageurs, sont bons et hospitaliers. L'usage des présents est très répandu, surtout des présents à faire à la reine et aux grands person-

(1) Le tombeau de Radama 1er aurait été garni d'un trésor évalué à 1.500.000 fr. par un auteur. Celui qui est préparé pour le premier Ministre actuel dépasserait en magnificence tous les autres.

nages. Dans de nombreuses circonstances la reine reçoit de ses sujets, le hasina ou présent d'une piastre.

Certains chefs du Sud-Ouest ont établi des tarifs pour les cadeaux que doivent leur offrir les étrangers qui viennent faire du commerce sur leurs côtes. C'est ainsi que pour entrer dans la baie de St-Vincent par exemple, dont le fleuve sert de frontière à deux chefs voisins, on doit faire un présent à tous les deux et aux principaux personnages des deux Cours.

Les Malgaches croient à un Etre suprême, Andria Mahnitra, mais ils ne paraissent pas avoir un culte établi. Ils croient à des moyens grossiers de rendre la divinité favorable. En cela, ils sont guidés par leurs Sikidy ou sorciers qui leur conseillent ordinairement de tuer un bœuf ou une chèvre ou d'offrir un cercueil neuf à leur père.

Comme exemple de leurs superstitions, je citerai le récit d'un marin qui a visité la baie de Tulear. Dans ces parages se trouve sur une montagne le tombeau d'un roi. Si un malgache, en passant par là vient à se laisser choir, il doit être aussitôt massacré par les gardes du tombeau. La divinité l'exige. Le capitaine au long cours qui raconte cette particularité, ajoute que l'endroit est peu fréquenté.

IV. (1)

Madagascar a été découverte par les Portugais en 1506. Leur gouvernement y fit établir quelques Comptoirs et une Mission, mais les Portugais s'étant livrés à la traite des nègres avec les arabes, furent massacrés par les indigènes.

En 1529, deux navires Dieppois commandés par les frères Parmentier, ayant tenté une reconnaissance dans l'île, furent mal reçus et obligés de s'éloigner. Vers la même époque une tentative anglaise n'eût pas plus de succès. Un siècle s'écoula sans que l'île fut visitée de nouveau par les Européens.

Au commencement du XVIIe siècle, de nouvelles aventures y conduisirent des marins français. Richelieu, sur le rapport qu'on lui en fit s'y intéressa, et en 1642 fut créée, sous ses auspices,

(1) Cet historique est tiré en partie de l'ouvrage de M. H. Le Chartier et G. Pellerin.

une Compagnie commerciale à monopole, pour l'exploitation de l'île.

Cette Compagnie, après quelques tentatives dans la baie de Ste-Luce, puis à Fenerive, à Foulepointe, abandonna tous ces postes à cause de leur insalubrité, et fonda Fort-Dauphin.

Elle dura vingt ans, mais ne pût se maintenir. Elle succomba par une série de fautes aussi imputables à l'esprit du temps qu'à l'improbité et à l'incapacité de ses représentants. Quelques hommes honorables, cependant, marquent cette époque. On doit citer Flacourt qui fut administrateur, Lacaze qui épousa la fille d'un roi du pays et se servit utilement, pour la France, de l'influence qu'il en obtint.

L'entreprise fut réorganisée par Colbert, en 1664, sous le nom de Compagnie des Indes Orientales. Elle fut, à cette époque, très en vogue à la Cour de France, c'est le moment où l'île fut baptisée du nom de France Orientale.

Cette fois, la Compagnie dura huit ans. Les mêmes causes ayant produit les mêmes effets ; dans la nuit de Noël 1672, tous les Français qui se trouvaient à Fort-Dauphin furent massacrés par les noirs.

Tout était à recommencer. Provisoirement, Louis XIV, par un édit de 1686, réunit Madagascar au domaine de la Couronne.

Le XVIIIe siècle vit de nouvelles tentatives.

En 1750, une souveraine de la côte orientale, Antakare, dont le territoire s'étendait de Foulpointe à la baie d'Autongil, plaçait ses états sous le protectorat de la France et en retour, lui cédait en toute propriété l'île de Ste-Marie que nous avons toujours conservée.

Quatre ans après, un nouveau massacre de Français s'y produisait, amené par les procédés d'un nommé Gorse, représentant de la Compagnie des Indes. Mais nos relations avec la grande terre demeurèrent néanmoins assez bonnes. Un peu plus tard se placent les aventures curieuses de Benyowski (1772-1785).

Cet étranger, Hongrois, chassé de son pays et poussé par l'esprit d'aventure, était venu offrir ses services à la Cour de France qui les avait acceptés.

Il obtint un régiment portant son nom, contenant pas mal d'émigrés comme lui, et avec lequel il débarqua à Madagascar, dans la baie d'Autongil. Il paraît qu'en peu de temps il se fit reconnaître roi de plusieurs peuples et il commença à faire du commerce avec l'île de France. Mais il fut en butte à la jalousie des administrateurs de cette possession, et on le desservit à la Cour de Louis XVI. Obligé de revenir en France pour se justifier, il y réussit, fut fait brigadier des armées, obtint un brevet de pension, avec la croix de St-Louis. Il resta longtemps en Europe pour rétablir sa santé, et lorsqu'il retourna à Madagascar, après une absence de dix ans, ses anciens sujets l'accueillirent avec enthousiasme.

Benyowski conçut alors des projets d'exploitation de l'île pour lesquels le concours actif de la Métropole lui eût été nécessaire ; il fit d'actives démarches, mais se heurta aux mêmes difficultés que la première fois. Dégoûté de ne pas obtenir ce qu'il demandait, il renonça à la France, renvoya au roi sa croix de St-Louis et sa pension, et passa au service de l'Angleterre. Le gouvernement, voyant le danger qui en résultait pour l'avenir de notre colonie, dirigea contre lui une expédition au cours de laquelle il fut tué (1785).

La rapide épopée de ce curieux personnage, dont le souvenir, paraît-il, s'est conservé dans quelques parties de la côte Nord-Est, montre qu'il était facile d'obtenir des résultats quand on employait les bons moyens.

En 1792, Louis XVI envoya Daniel Lescallier avec une mission chargée de rechercher les causes de nos insuccès.

Ces causes, était-il si difficile de s'en rendre compte ?

Jusqu'à la fin du XVIIIe siècle toutes les tentatives dirigées sur Madagascar avaient eu pour principal objet, sinon pour unique but, le commerce des esclaves : la chasse à l'homme, dans laquelle on appelait sauvage celui qui était chassé. Nous avions à proximité, dans les îles Maurice et Bourbon, d'anciennes exploitations cultivées par des esclaves : Madagascar fut considéré comme un réservoir commode où l'on pouvait puiser les noirs dont on avait besoin. Quand on créait des établissements dans la grande île, c'était avec des esclaves tirés du Mozambique.

Ecoutez comment s'exprime un homme de ce temps à la veille de la Révolution. Je prends la citation dans la copie d'un projet de colonisation de Madagascar qui fut soumis au gouvernement de Louis XVI :

« Les noirs de Madagascar apprennent en peu de temps la » langue française et tous nos métiers. Au bout de six mois ils » sont civilisés ; mais toujours ils cherchent à faire des tenta-

» tives pour retourner chez eux. Ils savent que leur pays n'est
» pas éloigné, et on est obligé de les veiller de près. On en voit
» souvent, dans de faibles pirogues qu'ils ont construites dans
» le secret de nos forêts, s'embarquer avec audace et risquer
» un trajet de trois cents lieues. Presque tous périssent sub-
» mergés ou sont rattrapés quand on les poursuit assez tôt. »

Cet aperçu candide nous dispense de suivre Daniel Lescallier dans ses recherches sur la cause de nos insuccès.

Madagascar fut de nouveau concédée à une Compagnie privilégiée. Mais désormais nous étions à deux de jeu : l'Angleterre y pénétrait avec nous.

En 1801, le premier Consul la fit explorer par un naturaliste Bory de St-Vincent, et en 1804 il y envoya Decaen avec pleins pouvoirs pour organiser nos établissements de la Mer des Indes. Nos revers devaient rendre ces efforts inutiles.

En 1811, Madagascar nous fut enlevée par les Anglais avec Maurice, mais elle nous fut rendue par le traité de Paris en 1814.

Dans nos tentatives antérieures nous nous étions appuyés, et principalement Benyowski, sur certains peuples voisins du rivage, les Antankares, les Sakalaves. Les Anglais en prirent d'autres pour auxiliaires. C'est l'origine de la puissance des Hovas et la cause de leur développement.

Cette peuplade, refoulée par les Sakalaves, vivait obscurément sur son plateau d'Imerina. Mais sous le règne d'Andrianampoinimerina *(le Seigneur chéri de l'Imerina)* plus ou moins soutenus par les Anglais, ils furent à leur tour vainqueurs des Sakalaves et soumirent le Nord-Ouest de l'île. Cet Andrianampoï semble avoir eu l'envergure d'un conquérant et d'un fondateur. Non seulement il repoussa ses voisins, mais il donna des lois à son peuple, établit parmi eux une sorte de féodalité, et ses institutions étaient appropriées aux mœurs et au caractère des Hovas, car elles sont demeurées dans leurs coutumes, même après que l'Angleterre et la France leur ont envoyé, par le paquebot, des hommes de loi porteurs de la législation anglaise ou du code civil.

Il mourut en 1808, laissant une brillante situation à son fils Radama Ier.

Ce Radama régna vingt ans, de 1808 à 1828. C'est l'époque où l'Angleterre commença cette politique tortueuse qui consistait à reconnaître officiellement nos droits sur Madagascar et à entretenir auprès des Hovas des agents secrets qui contrecarraient nos projets. Radama fut en relations constantes avec les gouverneurs de Maurice, eut un sergent anglais pour l'instruction de ses enfants. Poussé par eux, malgré une petite expédition que le gouvernement de la Restauration envoya en 1822, il s'empara des points de la côte orientale dont nous avions accepté le protectorat, et prit même Fort-Dauphin (1825). A sa mort (1828), on l'ensevelit dans un cercueil d'argent portant cette inscription : *Radama Manjaka, sans égal parmi les princes, souverain absolu de toute l'île de Madagascar.* Ce point fixe l'époque à laquelle remontent les prétentions des Hovas à la domination de l'île entière.

Ce fut une de ses femmes qui lui succéda sous le nom de Ranavalona Ire. Celle-ci régna 33 ans, de 1828 à 1861. Elle fit peser sur les Hovas un cruel despotisme. Madame Ida Pfeiffer, auteur d'une relation de ce temps, évalue à 20 ou 30.000 le nombre de ses sujets qu'elle faisait périr annuellement par des supplices divers, sans parler de ceux qu'elle faisait vendre comme esclaves.

C'est l'époque de la formation de ce qu'on a appelé le vieux parti Hova, animé par la haine des étrangers et le désir de l'indépendance, dont la politique consiste à s'appuyer tour à tour sur l'Angleterre et sur la France, en opposant l'une à l'autre. C'est aussi le temps où le gouvernement de Louis Philippe, puis celui de Napoléon III, caressèrent le rêve de l'alliance anglaise et évitèrent avec soin de mécontenter nos voisins. C'est ainsi qu'en 1833 un bâtiment français ayant reconnu la baie de Diego-Suarez, on s'abstint de l'occuper sur les représentations de l'Angleterre. Cependant, en 1840-41, furent conclus avec les Sakalaves, des traités de protectorat.

Dans cette période, le hasard voulut que les intérêts de la France fussent servis par de simples particuliers.

Jean Laborde, un Gascon, arriva à Madagascar à la nage, après avoir fait naufrage en vue de Fort-Dauphin. D'une intelligence et d'une activité remarquable, il y fonda rapidement une grande fortune et y acquit une influence considérable. Il créa, à proximité de Tananarive, une véritable cité industrielle où il occupait dix mille ouvriers, utilisant la force motrice des chûtes d'eau et en faisant les applications les plus variées : Fabriques de sucre, de savon, de porcelaine, voir même une fonderie de canons. Il remplit les fonctions de Consul de France.

Un autre personnage représenta l'influence française, c'est M. Lambert, un Breton, qui avait épousé une riche créole de Bourbon. Ce fut lui qui vint en France pour négocier auprès de Napoléon III, la formation d'une dernière Société commerciale pour l'exploitation de Madagascar, société qui fut plus éphémère encore que les précédentes, et sur laquelle je reviendrai tout à l'heure.

Ces deux hommes gagnèrent complètement à la France le fils de Ranavalona, héritier présomptif du trône, et formèrent un parti considérable acquis aux idées de civilisation et de progrès. Aussi, l'avènement de ce prince en 1861 fut un coup de théâtre. Il prit pour conseiller intime M. Lambert, créé duc d'Imerina, déclara l'île ouverte au commerce de toutes les nations, et accorda la même protection à tous les cultes.

En 1862, une mission française venait reconnaître Radama II au nom de Napoléon III. Une seconde mission, six mois après, venait conclure un traité de commerce et de protectorat. De magnifiques présents étaient échangés à cette occasion. Ce traité est le plus avantageux que nous ayons eu avec Madagascar. Tout allait à souhait pour nos intérêts, mais cet heureux moment ne devait pas durer longtemps. Le nouveau roi avait contre lui les Anglais et le vieux parti Hova. Il n'était pas depuis deux ans sur le trône qu'il fut assassiné (1863).

L'âme du complot, et celui qui en recueillit le fruit, fut Ravoninahitriniony, frère aîné du premier ministre actuel.

La veuve de Radama II fut proclamée Reine sous le nom de Rasoherina (*forte et belle*), contrainte de prendre pour premier ministre et d'épouser le meurtrier de son mari.

Un an après, une nouvelle révolution de palais substituait à celui-ci son frère cadet Rainilaiarivony, qui épousait à son tour Rasoherina. C'est lui qui gouverne l'Emyrne depuis trente-deux ans, et l'on ne peut méconnaître qu'il a poursuivi ses desseins avec habileté. L'aîné, disgracié et répudié fut mis aux fers. Ces deux hommes étaient les fils de Rainiharo qui fut autrefois premier ministre et favori de la première reine, la terrible Ranavalona 1re.

Rainilaiarivony jouit d'un pouvoir absolu. Poursuivant en réalité l'indépendance ays et sa domination sur l'île entière, il a toujours cherché un appui sur l'Angleterre, la France lui paraissant pour le présent la plus à craindre des deux puissances. A la mort de Rasoherina(1868), il fit proclamer reine une cousine de cette princesse Ramona, sous le nom de Ranavalona II. L'année suivante (1869) le couple royal embrassa la religion protestante ; à cette occasion, pour régulariser leur union au point de vue religieux, Rainilaiarivony répudia sa première femme dont il avait seize enfants. Le protestantisme commença à devenir religion d'Etat, et son influence ne devait pas cesser de grandir.

L'entourage anglais de cette Cour exploita naturellement les circonstances qui devaient empêcher temporairement la France de poursuivre ses revendications sur Madagascar, la guerre de 1870, plus tard l'expédition de Tunisie et celle du Tonkin. Le premier Ministre en vint à nous ménager de moins en moins.

Il est nécessaire de rappeler les principaux démêlés que nous eûmes avec lui.

Ce fut d'abord en 1865, la dénonciation du traité que nous avions conclu avec Radama II. Sur la foi de ce traité une Société commerciale s'était constituée et avait engagé des dépenses : l'Empereur réclama pour elle une indemnité de 900.000 fr. Le gouvernement de Tananarive se soumit, et il paraît que la reine Rasoherina paya la moitié de la somme sur son trésor particulier.

En 1878, mourut M. Laborde. Il n'avait jamais cessé de jouir d'un grand crédit à la cour Hova. La reine Ranavalona II l'appelait son père, il l'accompagnait dans ses voyages et la soignait dans ses maladies. Il laissait une fortune considérable que le premier Ministre refusa de transmettre à ses héritiers, deux neveux, dont l'un M. Campan, fut Consul à Madagascar. Ces biens furent purement et simplement confisqués par le gouvernement, en vertu d'un article du code Hova d'après lequel aucun étranger n'est apte à posséder une parcelle de terre à Madagascar.

Les négociations engagées au sujet de cette succession furent interminables, le premier Ministre se contentant d'opposer des moyens dilatoires. En même temps, nous croyant peu disposés à employer la force, il continuait son système d'extension aux dépens des Sakalaves nos alliés, s'emparait de Majunga, de la baie de Passandava, et y établissait des postes. Notre gouvernement se décida cependant à agir. M. Duclerc, puis M. Gambetta, puis M. de Freycinet, successivement ministres des Affaires étrangères, firent ouvrir des hostilités.

On bombarda Tamatave, on réoccupa Majunga, on prit possession de la baie de Diego-Suarez. Pour régulariser ces opérations la Chambre des Députés votait le 21 juillet 1884 un crédit de 5.200.000 fr. (par 360 voix contre 81).

Vous savez maintenant que de tels moyens étaient insuffisants et ne pouvaient donner de résultats. Ce fut une erreur d'imaginer qu'on viendrait à bout des Hovas par des opérations confiées à la Marine et exécutées sur le rivage de Tamatave.

On employa la belle saison à envoyer des ultimatums et quand la mauvaise fut arrivée on ne pût rien faire. L'année suivante (juillet 1885) les Chambres votèrent un nouveau crédit de 12.200.000 fr.

M. de Freycinet télégraphia d'envoyer un nouvel ultimatum, et faute de satisfaction, de reprendre les hostilités. Ces hostilités se terminèrent pas le combat de Farafate, du 10 septembre 1885.

L'amiral Miot, avec une compagnie de fusilliers marins, un bataillon d'infanterie de marine, une batterie de 80 millimètres, attaqua ce village où les Hovas avaient élevés de bons retranchements ; ils nous reçurent par un feu meurtrier et nous obligèrent à nous rembarquer.

Nous restâmes sur cet échec. La France commit alors la faute qu'elle se prépare à payer aujourd'hui. Le Gouvernement et les Chambres avaient hâte de liquider cette question. L'amiral Miot eût ordre de négocier ; on lui adjoignit M. Patrimonio.

Ce que fut ce traité de 1885, dans de telles conditions, vous le pensez bien. On jeta de la poudre aux yeux du public, et en réalité nous acceptâmes les conditions des Hovas. Nous cédions sur la question de propriété du sol, nous cédions sur l'indépence du gouvernement Hova en matière d'administration intérieure. Ils nous accordaient, à l'égard de leurs relations extérieures, les formes d'un protectorat d'autant plus illusoire qu'un acte additionnel en détruisait l'effet. Cet acte additionnel, arraché à l'amiral Miot, a été désavoué de notre Gouvernement par un procédé un peu équivoque et que les Hovas ne se sont pas gênés pour qualifier.

Nous reconnaissions la souveraineté des Hovas sur l'île

entière, abandonnant nos droits et ceux de nos alliés sur les côtes. On nous concédait la baie de Diego-Suarez, mais à condition qu'elle fut délimitée par une Commission, et le premier Ministre n'a cessé de réclamer l'exécution de cette clause.

Lorsque le traité vint en discussion à la Chambre des Députés, l'article par lequel nous renoncions à nous ingérer dans l'administration intérieure de l'île, fut couvert d'applaudissements. Je montrerai tout-à-l'heure qu'elle était la portée de cette approbation.

Ce traité a porté ses fruits naturels : on nous a traités chaque jour avec plus de sans-gêne, on est arrivé à se moquer de nous. Guidé par les Anglais, le premier Ministre a consolidé son pouvoir et son armée, et peut-être se croit-il aujourd'hui capable de résister aux forces dont nous le menaçons.

Pendant cette période, la reine Ranavalona II est morte en 1883. Elle a été remplacée par une princesse de la même famille couronnée sous le nom de Ranavalona III. Elle avait vingt ans, le premier ministre en avait cinquante-quatre ; il l'épousa comme les précédentes. Il est à remarquer qu'il n'a pas eu d'enfant des trois reines qu'il a successivement épousées.

Aux dernières nouvelles, le ménage ne serait pas très uni. Rainilaiarivony serait puni par où il a pêché, et la jeune fille de 1883 serait devenue une femme forte, qui lui fait une opposition redoutable.

V.

C'est une question délicate et encore controversée que de savoir si la France a intérêt à faire cette expédition. Du côté purement politique je ne parlerai pas. Une grande nation comme la France a-t-elle avantage à étendre son empire sur des contrées nouvelles ? Ne vaudrait-il pas mieux dire à l'Angleterre : Prenez Madagascar, si cette île vous plaît ; nous, nous cultivons notre jardin. Prenez-la donc, après l'Egypte, après les bouches du Niger, après mainte contrée dans l'Afrique équatoriale et dans l'Afrique tempérée.

Dans cette vaste étendue de continents qui s'étend depuis le Congo et le lac Nyanza jusqu'au cap de Bonne-Espérance, et qui présente le climat et les productions de l'Europe, de grandes et belles Colonies se développent, mais nulle part ne flotte le drapeau de la France. Tandis que l'Angleterre, le Portugal et l'Allemagne se partageaient ces territoires, nous disputions sur l'utilité des Colonies, et des hommes d'Etat inspirés par Cornelius Herz démontraient qu'elles ne nous conviennent point.

Je ne veux m'occuper que du côté économique, c'est-à-dire pratique, commercial de la question.

L'idée de colonisation emportait autrefois celle d'émigration. Une portion du peuple formée des plus aventureux ou des moins bien pourvus, s'en allait au loin faire souche nouvelle, féconder un pays vierge, y transplanter le génie de la race avec sa domination. S'il s'agissait de cela aujourd'hui, bien évidemment cette entreprise lointaine et coûteuse ne serait pas justifiée. La population de la Métropole est stationnaire (ce qui est loin d'être un si grand mal qu'un vain peuple pense), et si elle venait à s'augmenter, nous ne manquons pas de terres plus rapprochées de nous.

Mais l'idée ancienne de colonie a fait place à la conception moderne, autrement féconde des protectorats. Une courte analyse va nous montrer quelles sont les conditions que doivent remplir ces protectorats, et la nécessité pour la France d'avoir des colonies de ce genre.

La France est un pays riche, riche par la fertilité de la terre, plus riche encore par l'intelligence et l'industrie de ses habitants. Grâce à ces qualités de la race, le chiffre de la population a pu s'élever au-dessus de celui que le sol peut nourrir. Ce phénomène a commencé à se manifester il y a cent ans. La France comptait alors 25 millions d'habitants (et vous voyez que l'accroissement en un siècle a été à peu près de 50 %) ; d'après les calculs de Lavoisier, elle consommait alors exactement la quantité de blé qu'elle produisait, et un peu plus de viande ; la consommation individuelle était inférieure à ce qu'elle est aujourd'hui, dans la ration du soldat comme dans celle de l'ouvrier et du paysan.

Depuis cette époque, l'agriculture s'est perfectionnée ; le rendement de la terre s'est accru, et tandis que la population augmentait de 50 p. %, il s'en faut seulement d'un dixième que la production du blé soit égale à la consommation.

Il y a un déficit d'un dixième ; une population rurale d'environ 18 millions d'âmes en nourrit à peu près 33 millions ; le surplus ou 4 millions à peu près, doit nécessairement tirer sa subsistance de l'étranger, travailler pour l'étranger et faire du commerce extérieur. Mais ce n'est pas tout, et le phénomène ne se borne pas là. Nous avons, pour voisins des peuples qui ont une densité de population supérieure à la nôtre, et une industrie peut-être plus avancée. C'est pourquoi les productions agricoles de la Normandie et de quelques départements du Nord s'en vont alimenter l'Angleterre et la Belgique. De là un nouveau déficit ; et sans vous fatiguer par des chiffres, il en résulte que ce n'est pas 4 millions, mais 10 millions de Français qui tirent leur nourriture de l'extérieur. Ainsi, de ce seul chef, il est nécessaire que les nations qui sont notre contre partie dans le commerce extérieur présentent sur le marché un excédent de travail agricole disponible correspondant à la nourriture de 10 millions de Français. Cet exemple suffit, je ne parlerai pas des matières premières nécessaires à notre industrie et qui ne se trouvent pas chez nous. Telles sont les raisons inéluctables de ce commerce extérieur de la France qui se chiffre annuellement par des milliards.

Or, le monde économique est divisé, comme vous le savez, en deux courants d'opinions contraires. D'un côté, on voit les adeptes d'une science qui est née en France au XVIIIe siècle avec Quesnay et Turgot, qui a trouvé en Angleterre son prophète, Adam Smith, un des grands esprits de cette brillante époque. Dans ce siècle elle a eu des interprètes comme Lavoisier, le mathémicien Lagrange ; à une époque plus rapprochée de nous, elle a été professée avec éclat au Collége de France, par l'économiste italien Rossi, puis par son successeur Michel Chevalier. Il paraît que ce fut ce dernier qui obtint assez de crédit sur l'esprit de l'Empereur Napoléon III pour ériger sa science en doctrine d'Etat, une doctrine qui a trouvé son expression dans les fameux traités de commerce de 1860 qui ont inauguré chez nous le système du libre échange, et sous le régime desquels la France a vécu dix années, jusqu'à l'arrivée aux affaires de M. Thiers.

De l'autre côté, se trouvent la plupart des hommes d'Etat qui ont géré les affaires publiques depuis Colbert, qui ont assumé la responsabilité du rendement des impôts.

Chez nos voisins, dans la patrie actuelle du libre échange, le système inverse a été poussé jusqu'à ses extrémités. On peut ainsi qualifier le régime sous lequel l'Angleterre a vécu jusqu'en 1849, et dont la clef de voûte était le célèbre acte de navigation de Cromwell qui a fondé la suprématie maritime de l'Angleterre. C'est lorsque, à l'aide de cette législation draconienne, l'Angleterre fut venue au point de surpasser tous ses rivaux, qu'elle s'est déclarée ouverte à la libre concurrence de tous les peuples.

Je n'ai pas la présomption de venir trancher devant vous ce grand débat. Mais ce que je veux dire, c'est qu'une fois qu'on s'est déterminé pour une politique économique, on n'est plus libre de choisir à son gré telle ou telle politique coloniale : une fois qu'on s'est orienté dans la protection économique, on n'a plus le droit de professer l'abstention en matière d'extension coloniale. Entre ces deux choses, il y a une corrélation nécessaire, une connexité absolue qu'on ne peut méconnaître sans tomber dans l'incohérence, sans marcher aveuglement contre des écueils et compromettre pour l'avenir l'existence même du pays.

En effet, Messieurs, vous pouvez bien, par des tarifs de douane, vous réserver dans une large mesure le marché national, fermer plus ou moins étroitement vos frontières à l'agriculture et à l'industrie étrangères ; mais vous ne pouvez empêcher les autres nations de vous traiter avec réciprocité, et c'est ce qui a lieu en effet. Avant ou après nous, à peu près toute l'Europe est engagée dans le même système économique. Et l'Amérique, qui présente un si grand excès de travail agricole, a conçu la pensée patriotique de faire surgir sur son sol une population industrielle correspondante, population dont elle augmentera sa puissance et qui lui donnera les productions que l'Europe lui envoie aujourd'hui. Telle est la portée des mesures auxquelles est attaché le nom de M. Mac-Kinley. Comme ces mesures se présentent sous l'aspect d'un sacrifice à consentir par la génération actuelle, elles soulèvent une vive opposition, soutenue naturellement par la France et par les autres fournisseurs de l'Amérique, mais le bon sens de ce peuple lui en montrera la véritable utilité.

Ainsi, à mesure que le progrès se répand, à mesure que nos besoins augmentent avec notre travail, nous voyons se restreindre le marché des peuples indépendants qui sont notre contre-partie, et dont les échanges amènent, dans notre vie industrielle et commerciale, l'équilibre économique qui est l'état de santé du corps social, équilibre dans lequel tous les bras et toutes les intelligences trouvent leur emploi, en même temps que tous les besoins rationnels reçoivent satisfaction, et dont la permanence constitue la prospérité publique.

La rupture de cet équilibre se révèle par le phénomène qu'on a appelé la surproduction, par des crises diverses, petites et grandes. J'ai été le témoin de quelques-unes dans mes précédentes garnisons, à Douai, à Reims, où je voyais de temps à autre par ces causes, s'éteindre une usine, se fermer une filature ou un tissage.

Eh bien, Messieurs, la politique coloniale est apparue comme le remède naturel à cette situation, la politique coloniale nouvelle, celle qui s'exprime par le protectorat ; non plus cette politique barbare qui s'en allait exterminer les Indiens de l'Amérique ou les pauvres indigènes de l'Australie, réduire en esclavage les nègres de Mozambique et de Madagascar, non, mais une politique éclairée, qui consiste à associer à une nation dont la population industrielle est devenue trop nombreuse pour la population agricole, a associer, dis-je, des peuples jeunes qui présentent un rapport inverse, pauvres encore, mais possédant un sol fertile dont ils ne savent pas se servir, auxquels il suffit d'ouvrir les yeux pour qu'ils apprécient les bienfaits de la civilisation et apprennent à travailler pour les obtenir. Cette politique bienfaisante, vraiment digne de la philosophie qui a enfanté l'esprit du XIXe siècle, rend la santé au vieux monde en apportant la vie au nouveau.

Mais pour que ces résultats se produisent il faut évidemment que les lumières de la Métropole, ses conseils viennent avec autorité guider la colonie dans son développement, et je vous fais ainsi toucher du doigt l'absurdité de cette clause du traité franco-malgache de 1885 qui a pourtant soulevé les applaudissements de la Chambre des Députés, par laquelle on dit aux Hovas : continuez de croupir dans votre ignorance et votre barbarie, nous en restons les spectateurs indifférents, et nous bornons à vous représenter auprès des puissances étrangères.

VI.

L'œuvre a accomplir par la France à Madagascar, a pour

prélude obligé, l'action militaire qui doit nous rendre maîtres du plateau d'Imerina.

On doute encore un peu de la résistance des Hovas. Le premier ministre est assez éclairé pour se rendre compte de la disproportion de la lutte, mais la diversité de vues qui se montre chez nous au sujet de la politique coloniale est faite pour lui donner des espérances. La crise même que nous traversons peut amener au pouvoir des hommes opposés à notre action et qui, en présence de difficultés imprévues, reculeraient devant la responsabilité d'une demande nouvelle d'hommes ou d'argent à présenter au Parlement.

L'éventualité la plus dangereuse me semblerait être celle ou renonçant à s'opposer de front à notre marche entre le rivage et le plateau central, le premier ministre concentrerait toute son armée sur les montagnes mêmes que couronne Tananarive, et l'y établirait dans des retranchements qu'il nous faudrait assiéger ou enlever. Nous avons appris à nos dépens que les Malgaches peuvent faire bonne contenance derrière des parapets, et pour les en déloger, nos deux batteries de 80 millimètres et nos canons de montagne seraient peut être un peu légers. En même temps, les Hovas feraient à nos ravitaillements une guerre d'embuscades. Ces ravitaillements seront en effet la grosse difficulté de cette expédition, en l'absence complète de routes. Dans la première zone on peut utiliser la voie fluviale, et des bateaux à faible tirant d'eau, sont en construction dans ce but. On remonte aisément jusqu'à Mavetanana, point de concours des eaux de l'Ikopa et du Betsiboka, où se trouve un fort Hova de peu d'importance ; au-delà, les jonques indigènes ou de simples canots peuvent seuls suivre le cours de chacune des deux rivières.

On a parlé de voitures en aluminium qui seraient fabriquées en vue de l'expédition ; les voitures ne sont pas le plus difficile à trouver : ce sont les bêtes de somme. Peut-être pourra-t-on utiliser les bœufs, ces bœufs de Madagascar, de petite taille et à bosse (*zebus*), sont en très grand nombre dans l'île. Ils se dressent aisément au joug et même à la selle.

Je n'insiste pas sur cette campagne. Il est souhaitable qu'elle soit rapidement menée, qu'elle soit peu meurtrière, non seulement pour nous, mais pour les Hovas.

Si en effet, la guerre est le prélude obligé de notre action, nous avons en vue une œuvre de paix qui consiste à mettre le pays en valeur et à civiliser les populations. Or, c'est une médiocre entrée en matière que de détruire les gens qu'on veut civiliser.

Notre but est de les initier à cet état social, matériel et moral, auquel les nations européennes sont parvenues par le labeur des siècles, à travers mille vissicitudes, de les y amener en leur épargnant, dans la mesure possible, les reculs et les fautes par lesquels nous sommes passés. A quelle dose la civilisation doit-elle être administrée à ces peuples primitifs, par quels degrés doivent-ils être conduits ? Problème assurément digne d'exercer la méditation des hommes d'Etat, mais qui ne saurait être résolu sans une expérience acquise sur place, sans un contact prolongé avec les naturels, sans une étude approfondie de leur caractère, de leurs instincts, de leurs aptitudes.

Il n'est pas encore temps de parler des mesures à prendre pour l'organisation de la colonie, mais il est une question de la plus haute importance dont on peut se préoccuper dès maintenant, et sur laquelle j'ai cru voir, avec surprise, par le langage des journaux, que le Cabinet aujourd'hui démissionnaire n'avait pas arrêté sa résolution.

On a imaginé une théorie spécieuse, mais très dangereuse, qui consiste à dire : Pour gouverner l'île entière, le moyen le plus commode et le plus simple est d'en charger les Hovas, sous la direction d'un résident unique placé à Tananarive et donnant l'impulsion.

Je n'examine pas ce que serait la valeur morale du procédé à l'égard des Sakalaves, nos anciens protégés, aujourd'hui nos alliés, et qui vont combattre avec nous. La France leur dirait : Pour prix de votre concours, de votre fidélité à ma cause, qui n'a pas été sans mérite eu égard à ma conduite passée envers vous, en récompense de tout cela je vous livre définitivement à vos ennemis séculaires, désormais vos maîtres. Mais il y a plus. La suzeraineté Hova n'est que purement nominale à l'égard des peuples du Sud qui l'ont reconnue ; d'autres, comme les Bares, les Machicores, les Mahafely, les Antanosy, etc., etc., ne l'admettent à aucun degré. Il faudrait la leur imposer de force. Et la France se révèlerait à ces nouveaux clients pour les soumettre aux Hovas, leurs ennemis. N'est-il pas évident que nous aurons auprès d'eux un succès tout différent et que nous engagerons les relations sous de meilleurs auspices, en leur disant : La France est une grande puissance qui vous protège. Vous ne recevrez d'elle que des biens, et pour commencer elle vous rend votre liberté : Désormais, plus rien à craindre des Hovas. Tout ce qu'elle vous demande est de vous laisser guider par ses conseils.

Certes, il faudra montrer à ces nègres la puissance de la France par des réalités concrètes. Il faudra faire parcourir le pays par des colonnes assez fortement constituées pour n'avoir rien à craindre de leurs velléités de résistance, ou pour les confirmer dans leurs bonnes dispositions. Du moins, la France ne prendra pas cette peine au profit des Hovas que nous n'avons aucun motif de récompenser. Nous constituerons donc une Confédération d'Etats indépendants les uns des autres, dont la constitution pourra tendre vers un modèle uniforme, mais dont les débuts seront variables suivant leur état actuel. Ces cantons nous seront plus ou moins fidèles, selon leur caractère et l'habileté de nos mandataires auprès d'eux, mais si de mauvais jours devaient renaître pour nous, nous n'aurions pas du moins constitué une puissante monarchie Hova, toujours prête à se jeter dans les bras de l'Angleterre, toujours capable de se laisser séduire par elle.

Cette considération est si importante à mes yeux, que je n'hésite pas à me féliciter de l'échec des négociations entreprises par M. Le Myre de Vilers ; aucun dénoûment pacifique ne pouvait, en effet, être espéré en dehors d'une reconnaissance qui, cette fois, eut été définitive de la suprématie des Hovas sur l'île entière, et j'estime qu'il vaut mieux dépenser soixante-cinq millions et faire une campagne pénible, que d'y consentir.

Messieurs, j'ai terminé. Je ne veux rien dire de la question si délicate des religions qui se font concurrence dans ce pays. Je ne parlerai pas de l'organisation de la justice, de l'impulsion et de la direction à donner aux travaux publics, de la voie où doit être orientée l'activité des indigènes. Ce sont les questions de demain.

La France saura les résoudre, et si elle s'en tire avec honneur, comme on doit l'espérer, notre fin de siècle, un peu décriée, aura acquis un bon témoignage pour le tribunal de l'Histoire.

La Fère. — Imprimerie-Librairie P. LEQUEUX.

www.ingramcontent.com/pod-product-compliance
Ingram Content Group UK Ltd.
Pitfield, Milton Keynes, MK11 3LW, UK
UKHW032028260826
14628UKWH00006B/2816

9 782012 39250